escuela - escola   2
viaje - viatge   5
transporte - transport   8
ciudad - ciutat   10
paisaje - paisatge   14
restaurante - restaurant   17
supermercado - supermercat   20
bebida - begudes   22
comida - menjar   23
granja - granja   27
casa - casa   31
cuarto de estar - sala d'estar   33
cocina - cuina   35
cuarto de baño - bany   38
cuarto de los niños - cambra de nen   42
vestimenta - roba   44
oficina - oficina   49
economía - economia   51
ocupaciones - oficis   53
herramientas - eines   56
instrumentos musicales - instrument de música   57
zoológico - zoo   59
deporte - esports   62
actividades - activitats   63
familia - família   67
cuerpo - cos   68
hospital - hospital   72
emergencia - urgència   76
Tierra - terra   77
reloj - rellotge   79
semana - setmana   80
año - any   81
formas - formes   83
colores - colors   84
opuestos - oposats   85
números - nombres   88
idiomas - llengües   90
quién / qué / cómo - qui / què / com   91
donde - on   92

AF200792

Impressum
Verlag: BABADADA GmbH, Nedderfeld 112 , 22529 Hamburg
Geschäftsführer / Verlagsleitung: Harald Hof
Druck: Books on Demand GmbH, In de Tarpen 42, 22848 Norderstedt

Imprint
Publisher: BABADADA GmbH, Nedderfeld 112 , 22529 Hamburg, Germany
Managing Director / Publishing direction: Harald Hof
Print: Books on Demand GmbH, In de Tarpen 42, 22848 Norderstedt

escuela

escola

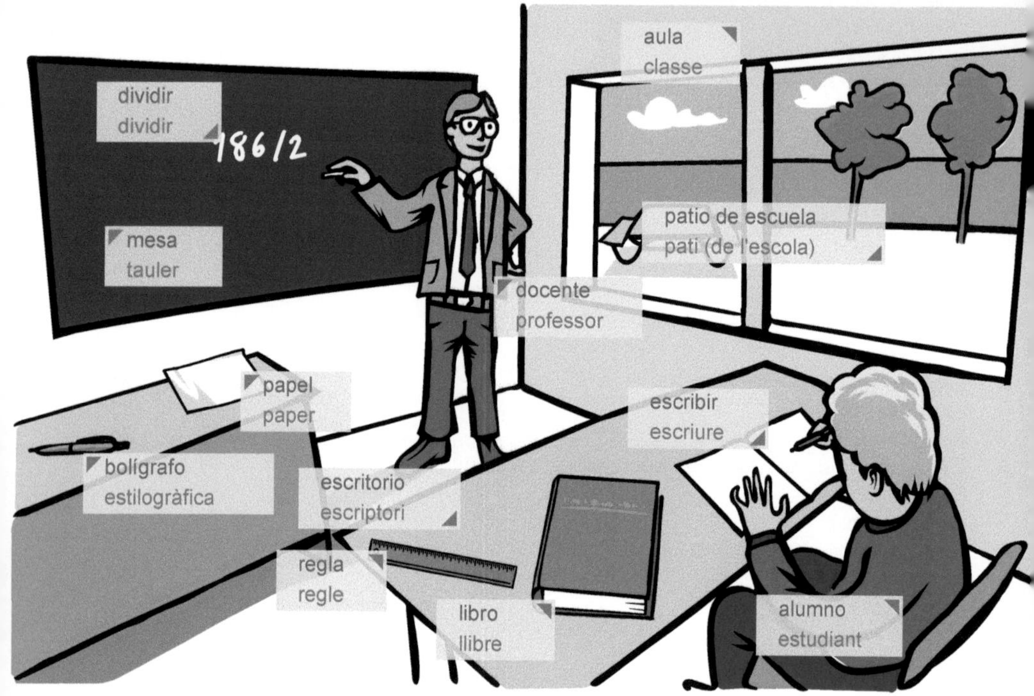
aula
classe
dividir
dividir
186/2
mesa
tauler
patio de escuela
pati (de l'escola)
docente
professor
papel
paper
escribir
escriure
bolígrafo
estilogràfica
escritorio
escriptori
regla
regle
libro
llibre
alumno
estudiant

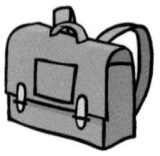

mochila escolar

bossa

caja de lápices

estoig

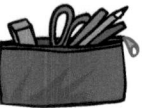

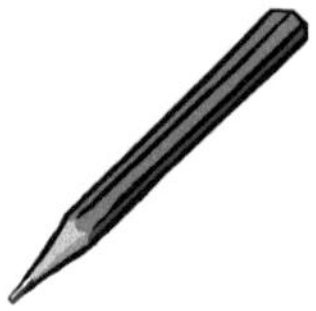

lápiz

llapis

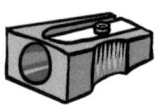

sacapuntas

maquineta de fer punta

goma de borrar

goma

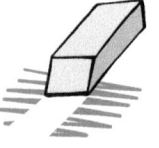

bloc de dibujo

bloc de dibuix

dibujo
dibuix

pincel
pinzell

caja de pinturas
capsa de pintures

tijera
tisores

pegamento
cola

libro de ejercicios
quadern d'exercicis

tarea
deures

número
nombre

sumar
afegir

restar
sostreure

multiplicar
multiplicar

calcular
calcular

letra
lletra

alfabeto
alfabet

palabra
mot

texto

text

leer

llegir

tiza

guix

lección

lliçó

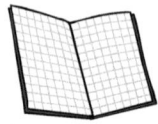

libro de clase

llibre de classe

examen

examen

certificado

certificat

uniforme escolar

uniforme escolar

educación

formació

enciclopedia

enciclopèdia

universidad

universitat

microscopio

microscopi

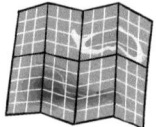

mapa

mapa

cesto de papeles

paperera

viaje
viatge

hotel
hotel
Grand
albergue
alberg
ROOMS
casa de cambio
oficina de canvi
maleta
maleta
auto
automòbil

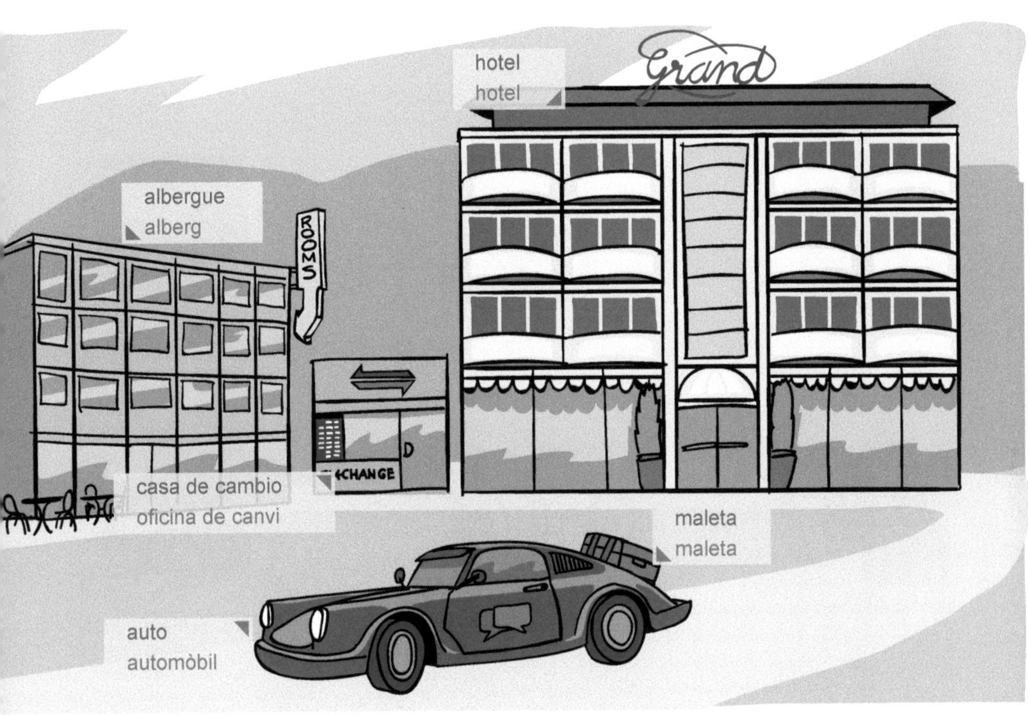

idioma

llengua

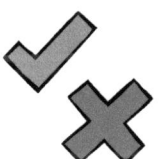

sí / no

sí / no

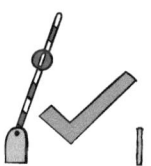

ok

D'acord

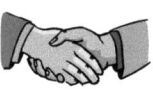

hola

Ey!

intérprete

traductora

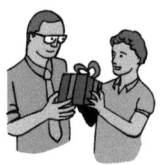

gracias

gràcies

¿Cuánto cuesta...?

Quant costa... ?

No entiendo

No entenc

problema

problema

¡Buenas tardes!

Bona nit!

¡Buenos días!

bon dia!

¡Buenas noches!

bona nit!

adiós

fins aviat

dirección

direcció

equipaje

bagatge

bolso

bossa

mochila

sarrona

invitado

convidat

cuarto

cambra

saco de dormir

sac de dormir

tienda de campaña

tenda

información al turista

oficina de turisme

playa

platja

tarjeta de crédito

carta de crèdit

desayuno

esmorzar

almuerzo

dinar

cena

sopar

pasaje

bitllet

ascensor

ascensor

sello

segell

límite

frontera

aduana

duana

embajada

ambaixada

visa

visat

pasaporte

passaport

transporte
transport

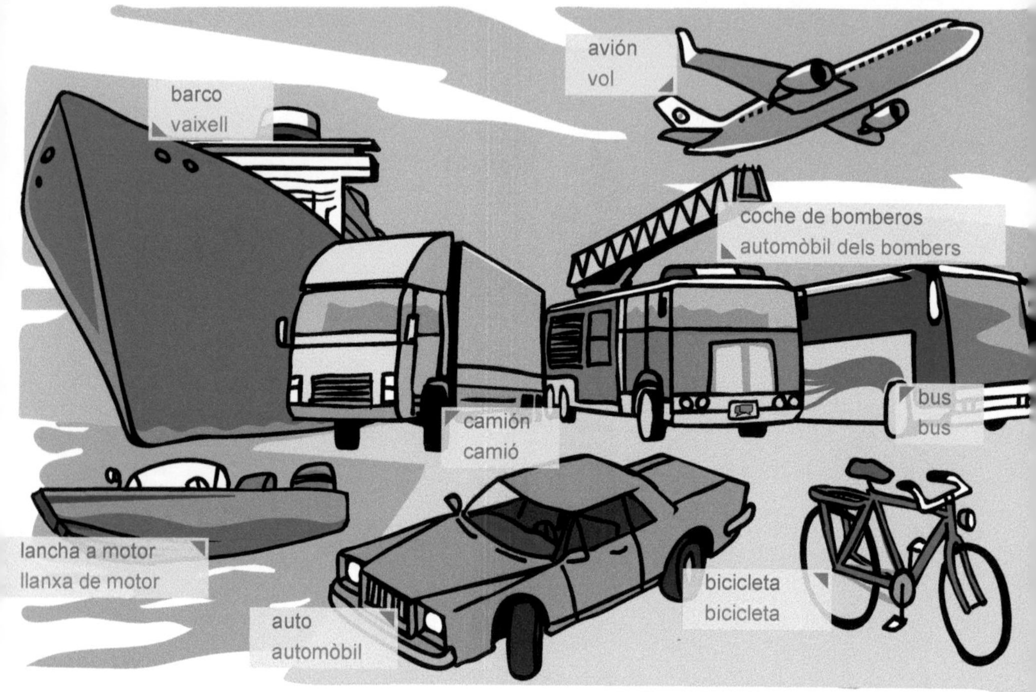

avión
vol

barco
vaixell

coche de bomberos
automòbil dels bombers

camión
camió

bus
bus

lancha a motor
llanxa de motor

bicicleta
bicicleta

auto
automòbil

balsa
transbordador

lancha
barca

motocicleta
moto

auto de policía
automòbil de policia

auto de carreras
automòbil de curses

auto de alquiler
automòbil de lloguer

alquiler de autos

vehicle compartit

grúa

grua

vehículo recolector de basura

camió de les escombraries

motor

motor

gasolina

benzina

gasolinera

benzineria

señal de tráfico

senyal de trànsit

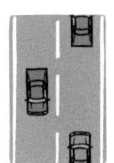

tránsito

trànsit

atasco

embús

estacionamiento

aparcament

estación de tren

estació de trens

carril

vies

tren

tren

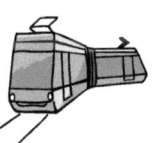

tranvía

tramvia

vagón

vagó

transporte - transport

helicóptero

helicòpter

aeropuerto

aeroport

torre

torre

pasajero

passatger

contenedor

contenidor

caja de cartón

capsa de cartó

carro

carretó

cesta

cistella

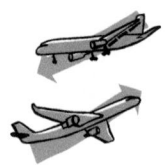

despegar / aterrizar

enlairar-se / aterrar

ciudad
ciutat

aldea

poble

centro de la ciudad

centre de la ciutat

casa

casa

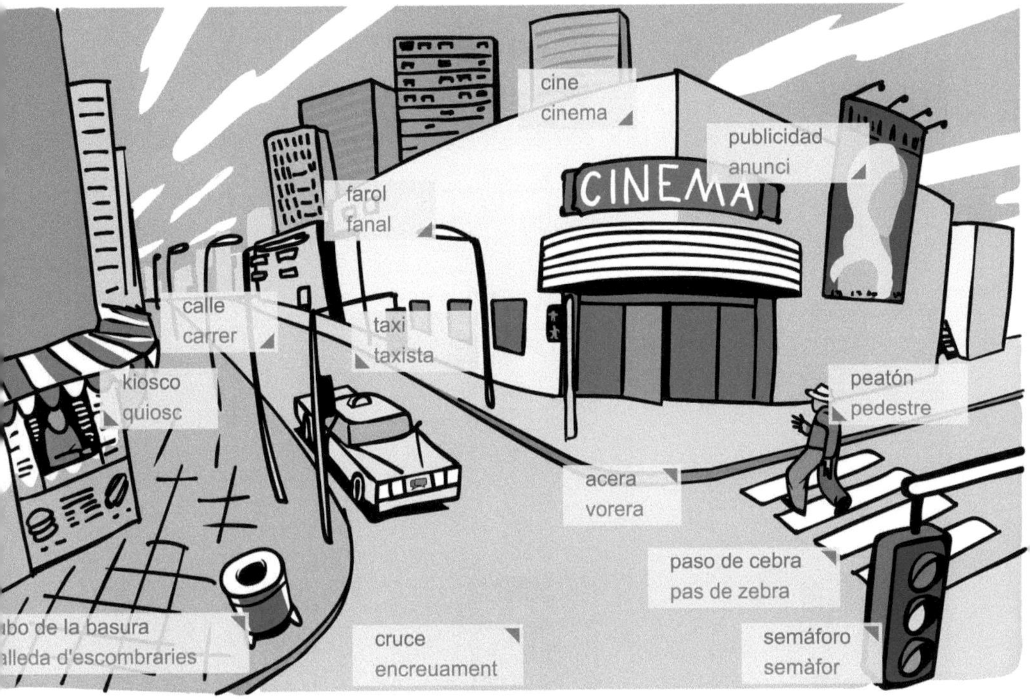

cine
cinema

publicidad
anunci

farol
fanal

CINEMA

calle
carrer

taxi
taxista

kiosco
quiosc

peatón
pedestre

acera
vorera

paso de cebra
pas de zebra

cubo de la basura
galleda d'escombraries

cruce
encreuament

semáforo
semàfor

cabaña
cabana

apartamento
apartament

estación de tren
estació de trens

ayuntamiento
casa de la vila-ciutat

museo
museu

escuela
escola

ciudad - ciutat

universidad

universitat

banco

banca

hospital

hospital

hotel

hotel

farmacia

farmàcia

oficina

oficina

librería

llibreria

negocio

botiga

florería

floristeria

supermercado

supermercat

mercado

mercat

grandes almacenes

gran magatzem

pescadería

peixateria

centro comercial

centre comercial

puerto

port

parque

parc

banco

banc

puente

pont

escalera

escala

metro

metro

túnel

túnel

parada de autobuses

parada d'autobús

bar

bar

restaurante

restaurant

buzón de correo

bústia de correu

letrero

senyal indicador

parquímetro

parquímetre

zoológico

zoo

piscina

piscina

mezquita

mesquita

granja
granja

polución
pol·lució

cementerio
cementiri

iglesia
església

parque infantil
parc infantil

templo
temple

paisaje
paisatge

hoja
fulla

indicador de camino
cartell indicador

sendero
camí

pradera
prat

piedra
pedra

caminante
excursionista

árbol
arbre

río
riu

pasto
gespa

flor
flor

valle
vall

montaña
muntanya

lago
llac

bosque
bosc

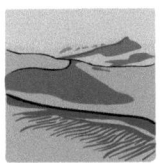

desierto
desert

volcán
volcà

castillo
castell

arco iris
arc de Sant Martí

seta
bolet

palmera
palmera

mosquito
moscard

mosca
mosca

hormiga
formiga

abeja
abella

araña
aranya

paisaje - paisatge

escarabajo

escarabat

rana

granota

ardilla

esquirol

erizo

eriçó

liebre

llebre

lechuza

òliba

pájaro

ocell

cisne

cigne

jabalí

senglar

ciervo

cervo

alce

ant

embalse

presa

aerogenerador

turbina

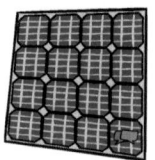

módulo solar

panell solar

clima

clima

restaurante
restaurant

camarero
cambrer
carta del menú
menú
silla
cadira
sopa
sopa
pizza
pizza
cubiertos
coberts
mantel
tovalla

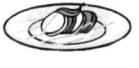

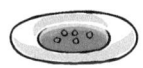

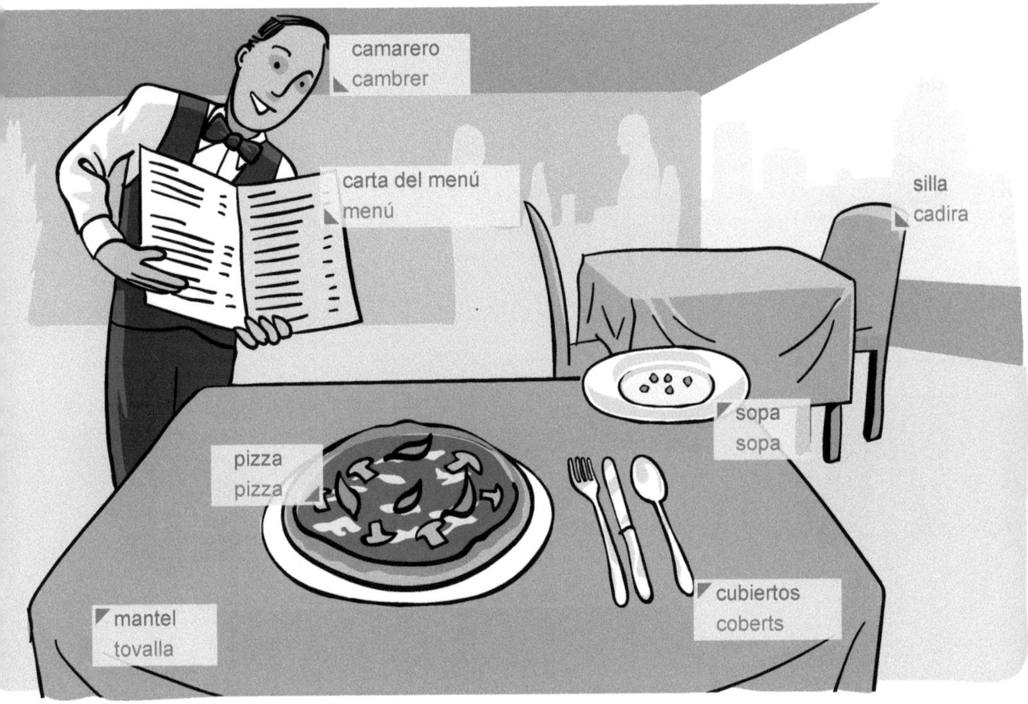

entrada
primer plat

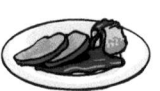

plato principal
plat principal

postre
darreries

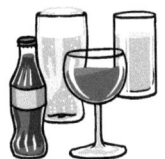

bebida
begudes

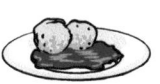

comida
menjar

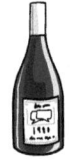

botella
ampolla

comida rápida

menjar ràpid

comida callejera

menjar de carrer

tetera

tetera

azucarera

sucrer

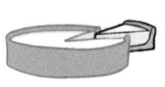

porción

porció

máquina de espresso

màquina d'espresso

silla alta

trona

factura

factura

bandeja

plata

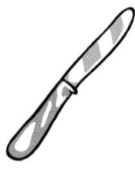

cuchillo

ganivet

tenedor

forqueta

cuchara

cullera

cuchara de té

cullereta

servilleta

tovalló

vaso

got

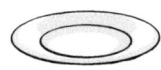

plato
plat

plato de sopa
plat de sopa

platillo
plateret

salsa
salsa

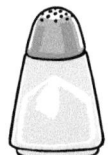

salero
saler

molinillo para pimienta
molinet de pebre

vinagre
vinagre

aceite
oli

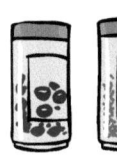

especias
espècies

ketchup
quètxup

mostaza
mostassa

mayonesa
maionesa

supermercado
supermercat

oferta
oferta especial
FOR
cliente
client
productos lácteos
productes lactis
fruta
fruites
carrito de compras
carret de la compra

BUTCHERS

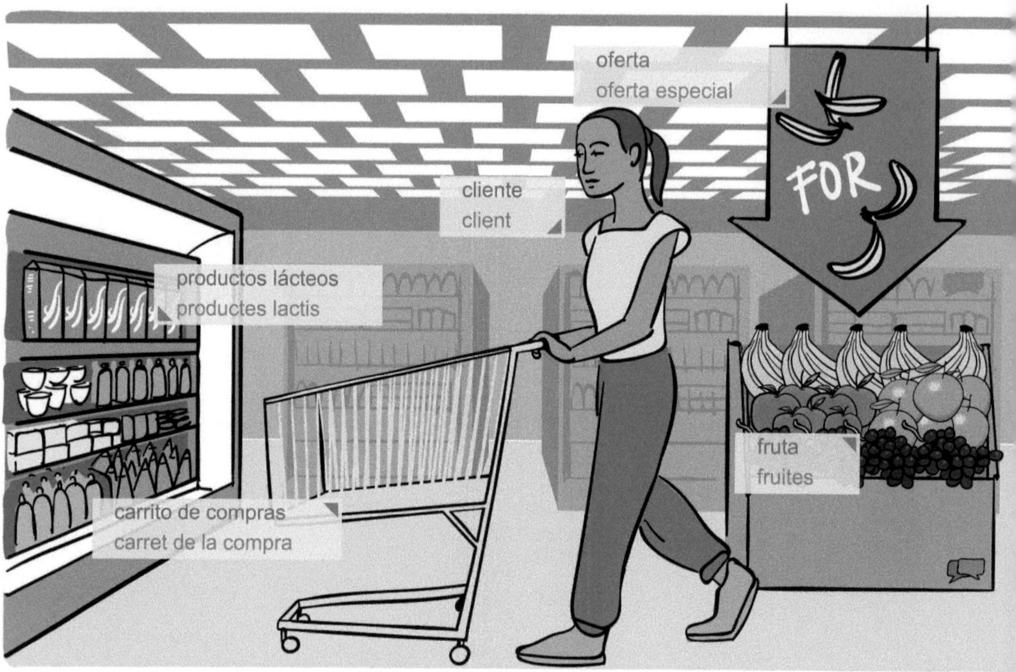

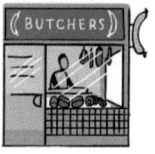

carnicería

carnisseria

BAKERY

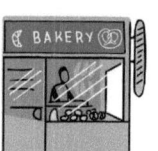

panadería

forn de pa

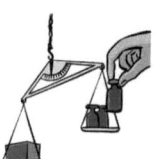

pesar

pesar

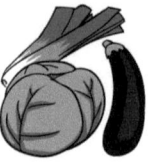

verdura

verdures

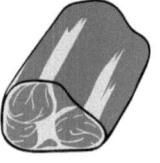

carne

carn

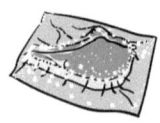

alimentos congelados

menjar congelat

fiambre

carn freda

conservas

conserves

detergente en polvo

detergent en pols

dulces

dolços

artículos domésticos

articles domèstics

productos de limpieza

productes de neteja

vendedora

venedora

caja

caixa registradora

cajero

caixera

lista de compras

llista de la compra

horario de atención

horari d'obertura

cartera

portamonedes

tarjeta de crédito

carta de crèdit

maleta

bossa

bolsa plástica

bossa de plàstic

agua

aigua

jugo

suc

leche

llet

refresco de cola

coca-cola

vino

vi

cerveza

cervesa

alcohol

alcohol

cacao

cacau

té

te

café

cafè

espresso

espresso

cappuccino

cappuccino

banana

banana

manzana

poma

naranja

taronja

sandía

síndria

limón

llimona

zanahoria

pastanaga

ajo

all

bambú

bambú

cebolla

ceba

seta

bolet

nueces

avellanes

fideos

fideus

espagueti

espaguetis

arroz

arròs

ensalada

amanida

patatas fritas

patates fregides

patatas salteadas

patates fregides

pizza

pizza

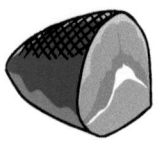

hamburguesa

hamburguesa

sándwich

entrepà

escalope

escalopa

jamón

cuixot

salame

salami

embutido

salsitxa

pollo

pollastre

asado

rostit

pescado

peix

copos de avena

flocs de civada

musli

musli

copos de maíz tostado

cereals

harina

farina

croissant

croissant

panecillo

panet

pan

pa

tostada

torrada

galletas

bescuits

mantequilla

mantega

cuajada

mató

pastel

pastís

huevo

ou

huevo frito

ou fregit

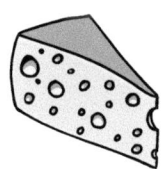

queso

formatge

helado

gelat

azúcar

sucre

miel

mel

mermelada

melmelada

praliné

crema de xocolata

curry

curri

granja
granja

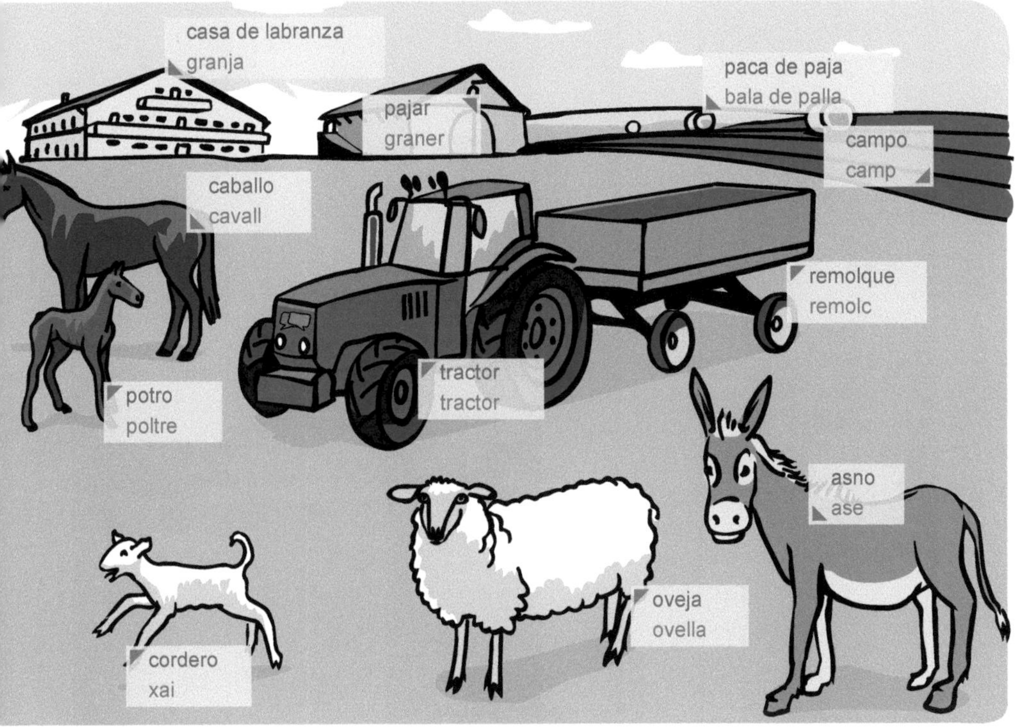

casa de labranza
granja
pajar
graner
paca de paja
bala de palla
campo
camp
caballo
cavall
remolque
remolc
potro
poltre
tractor
tractor
asno
ase
oveja
ovella
cordero
xai

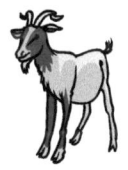

cabra
cabra

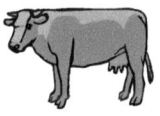

vaca
vaca

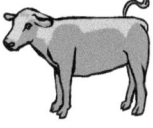

ternero
vedella

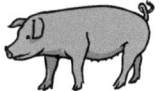

cerdo
porc

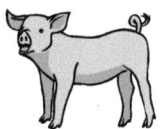

lechón
garrí

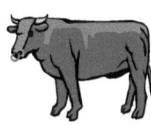

toro
bou

ganso
oca

pato
ànec

polluelo
poll

pollo
gall

gallo
gallina

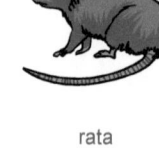

rata
rata

gato
gat

ratón
ratolí

buey
bou

perro
gos

caseta del perro
gossera

manguera de riego
mànega de regar

regadera
regadora

guadaña
dalla

arado
arada

hoz

falç

azada

aixada

bieldo

forca

hacha

destral

carretilla

carretó

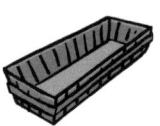

abrevadero

abeurador

lechera

lletera

saco

sac

cerca

tanca

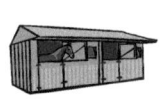

establo

establa

invernadero

hivernacle

suelo

sòl

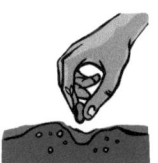

semilla

llavor

fertilizante

adob

cosechadora

collidora

cosechar

collir

cosecha

collita

raíz de ñame

nyam

trigo

blat

soja

soja

patata

patata

maíz

blat de moro o d'indi

colza

colza

Árbol frutal

arbre fruiter

mandioca

mandioca

cereales

cereals

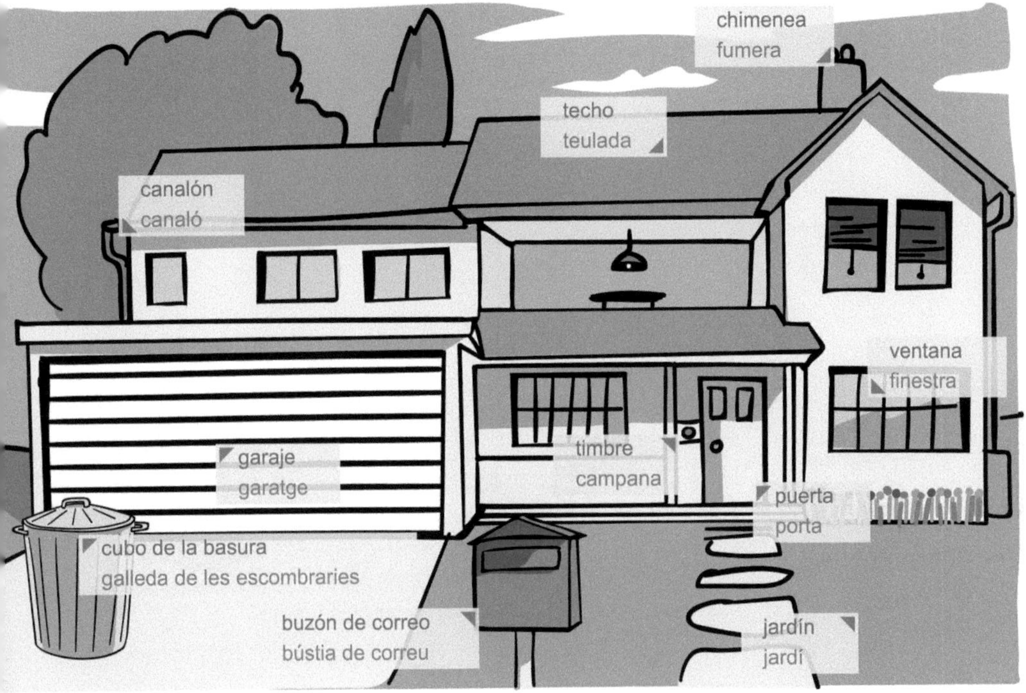

chimenea
fumera

techo
teulada

canalón
canaló

ventana
finestra

garaje
garatge

timbre
campana

puerta
porta

cubo de la basura
galleda de les escombraries

buzón de correo
bústia de correu

jardín
jardí

cuarto de estar

sala d'estar

cuarto de baño

bany

cocina

cuina

dormitorio

cambra de dormir

cuarto de los niños

cambra de nen

comedor

menjador

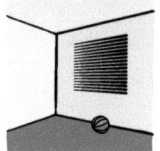

piso
sòl

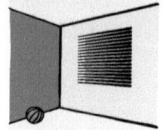

pared
paret

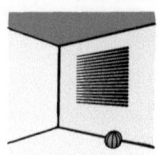

cielorraso
sostre

sótano
soterrani

sauna
sauna

balcón
balcó

terraza
terrassa

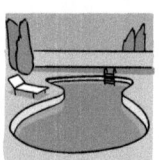

piscina
piscina

cortacésped
tallagespa

funda nórdica
vànova

edredón
cobrellit

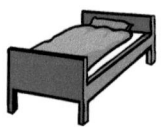

cama
llit

escoba
escombra

cubo
galleda

interruptor
interruptor

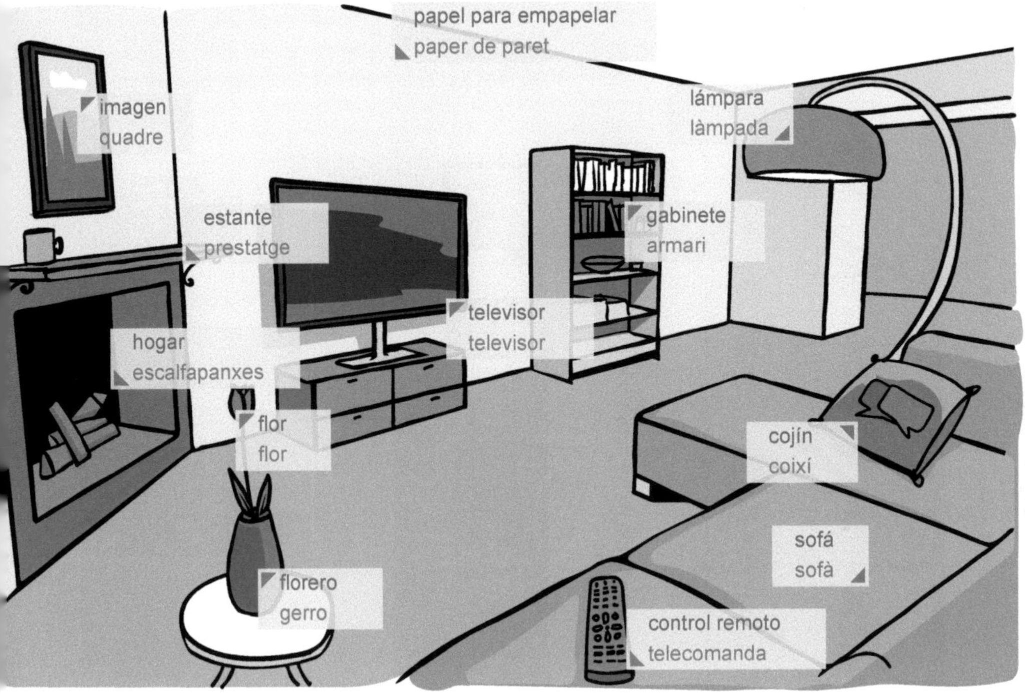

papel para empapelar
paper de paret

imagen
quadre

lámpara
làmpada

estante
prestatge

gabinete
armari

hogar
escalfapanxes

televisor
televisor

flor
flor

cojín
coixí

florero
gerro

sofá
sofà

control remoto
telecomanda

alfombra
catifa

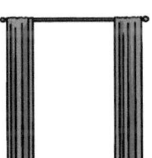

cortina
cortina

mesa
taula

silla
cadira

mecedora
cadira gronxadora

sillón
cadiral

libro
llibre

frazada
llençol

decoración
decoració

leña
llenya

film
film

equipo estereofónico
cadena de música

llave
clau

periódico
diari

cuadro
pintura

póster
cartell

radio
ràdio

bloc de notas
bloc de notes

aspiradora
aspiradora

cactus
cactus

vela
candela

cocina
cuina

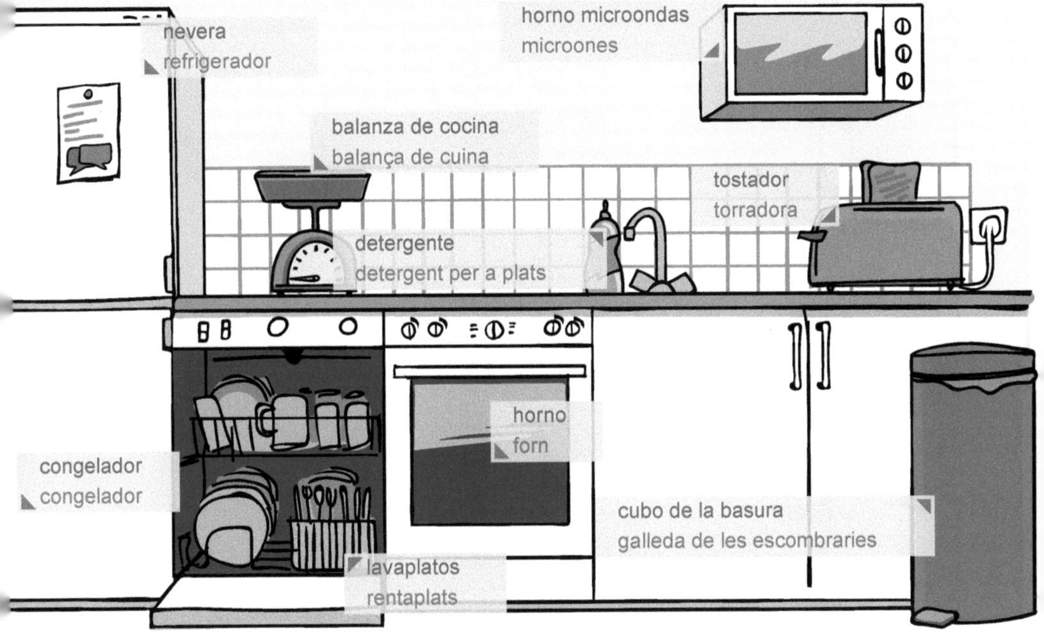

nevera
refrigerador
horno microondas
microones
balanza de cocina
balança de cuina
tostador
torradora
detergente
detergent per a plats
horno
forn
congelador
congelador
cubo de la basura
galleda de les escombraries
lavaplatos
rentaplats

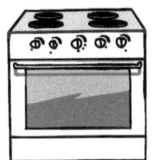

cocina

cuina de fogons

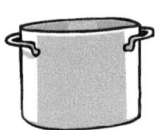

olla

olla

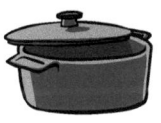

olla de fundición de hierro

olla de ferro colat

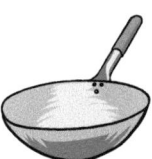

wok / kadai

wok / karahi

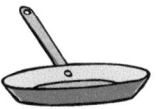

sartén

paella

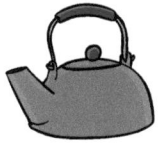

hervidor de agua

bullidor

olla de vapor

olla de vapor

bandeja de horno

plata de forn

vajilla

vaixella

vaso

tassa grossa

bol

bol

palillos para comer

bastonets xinesos

cucharón de sopa

culler

espátula

espàtula

batidor

batedor

colador

colador

cedazo

sedàs

rallador

ratllador

mortero

morter

parrillada

barbacoa

fogata

foc a terra

tabla de picar

taula de tallar

rodillo

corró

sacacorchos

llevataps

lata

pot de conserva

abrelatas

obridor

agarrador

agafador

fregadero

aigüera

cepillo

raspall

esponja

esponja

batidora

batedora

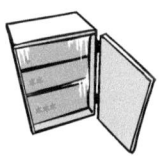

arcón congelador

congelador

biberón

biberó

grifo

aixeta

cuarto de baño
bany

calefacción
calefacció
toalla
tovallola
ducha
dutxa
cortina para ducha
cortina de dutxa
baño de espuma
bany de bombolles
bañera
banyera
lavadora
rentadora
baldosa
rajoles
grifo
aixeta
vaso
got
orinal
orinal
fregadero
aigüera

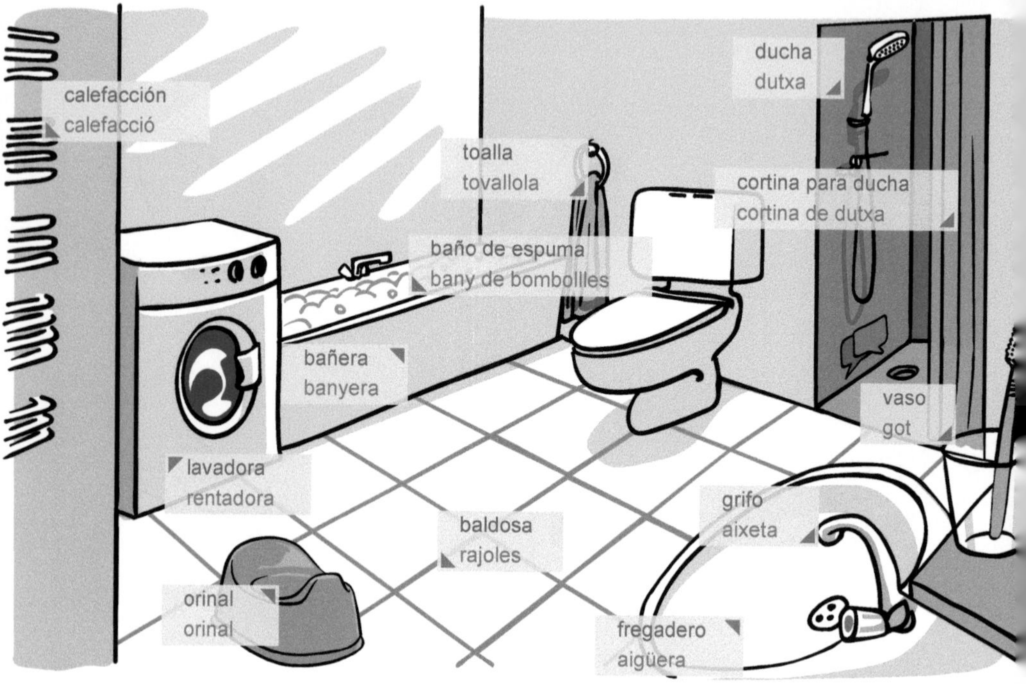

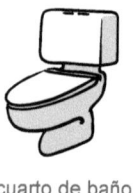

cuarto de baño

lavabo

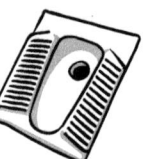

placa turca

lavabo turc

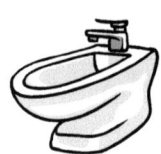

bidé

bidet

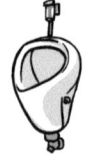

urinario

orinador

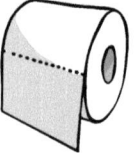

papel higiénico

paper higiènic

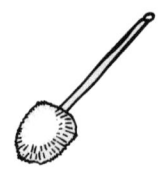

escobilla para el cuarto de baño

escombreta de sanitari

cepillo de dientes

raspall de dents

pasta dentífrica

pasta de dents

seda dental

fil dental

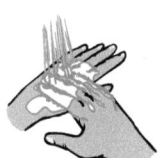

lavar

rentar

ducha teléfono

pom de dutxa

ducha higiénica

dutxa íntima

cuenco

rentamans

cepillo para la espalda

raspall per a l'esquena

jabón

sabó

gel de ducha

gel de dutxa

champú

xampú

manopla para baño

manyopla de bany

desagüe

bonera

crema

crema

desodorante

desodorant

espejo

mirall

espejo de maquillaje

mirall-espill de mà

máquina de afeitar

maquineta de rasar

espuma de afeitar

espuma de barbejar

loción para después del afeitado

loció post-rasada

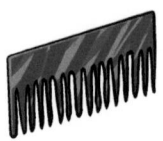

peine

pinta

cepillo

raspall

secador para cabello

eixugador

laca de peinado

laca

maquillaje

maquillatge

lápiz labial

pintallavis

laca para uñas

esmalt d'ungles

algodón

cotó

tijera para uñas

tallaungles

perfume

perfum

neceser

estoig de bellesa

taburete

tamboret

balanza

bàscula

bata de baño

barnús

guantes de goma

guants de goma

tampón

compresa higiènica

compresa

compresa

wáter químico

sanitari químic

cuarto de los niños

cambra de nen

despertador
despertador
animal de peluche
animal de peluix
auto de juguete
auto de joguina
sonajero
sonall
casa de muñecas
casa de nines
obsequio
present

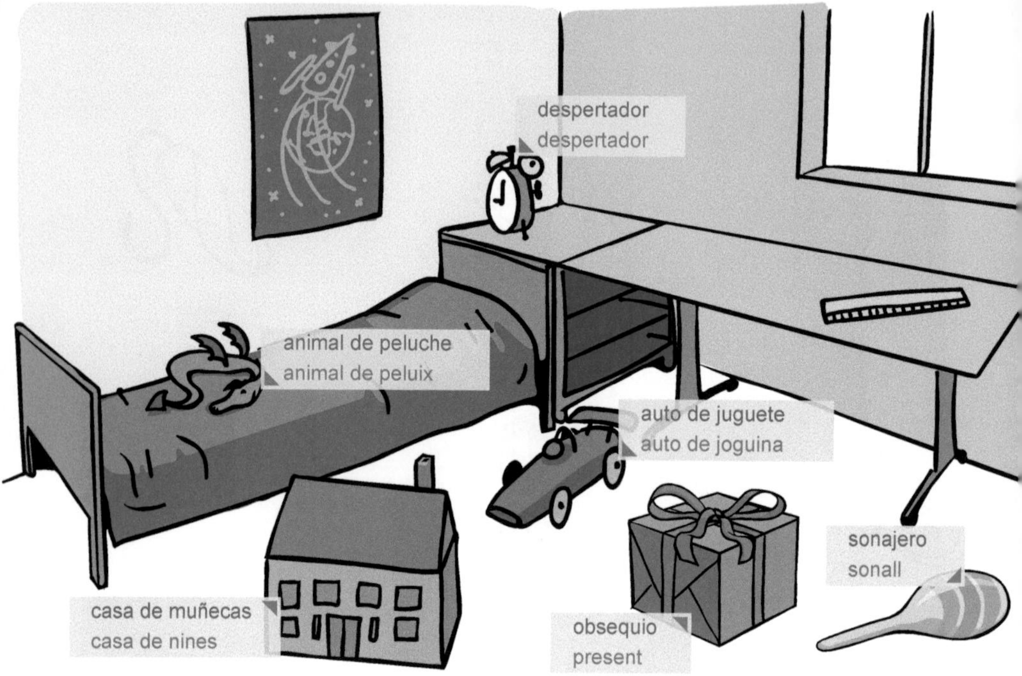

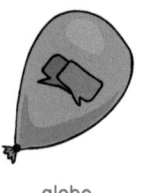

globo
....
baló

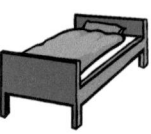

cama
....
llit

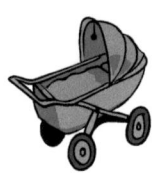

cochecito para niños
....
cotxet per a nens

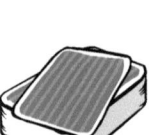

juego de barajas
....
joc de cartes

rompecabezas
....
trencaclosca

SUPER
MEGA

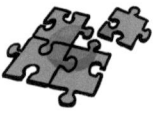

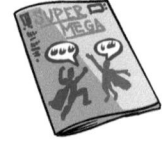

cómic
....
historieta

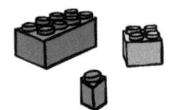

piezas de Lego

peces de lego

bloques para jugar

peces de construcció

figura de acción

ninot d'acció

pijama de una pieza

granota

frisbee

frisbee

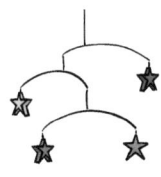

móvil

mòbil per a bressol

juego de mesa

joc de taula

dado

daus

tren eléctrico a escala

tren elèctric

chupete

xumet

fiesta

festa

libro de dibujos

llibre de dibuixos

pelota

pilota

títere

nina

jugar

jugar

arenero

sorrera

columpio

gronxador

juguetes

joguines

consola de videojuego

consola de jocs de vídeo

triciclo

tricicle

osito de peluche

osset de peluix

guardarropa

armari

vestimenta

roba

calcetines

mitjons

medias

mitges

panti

mitja pantaló

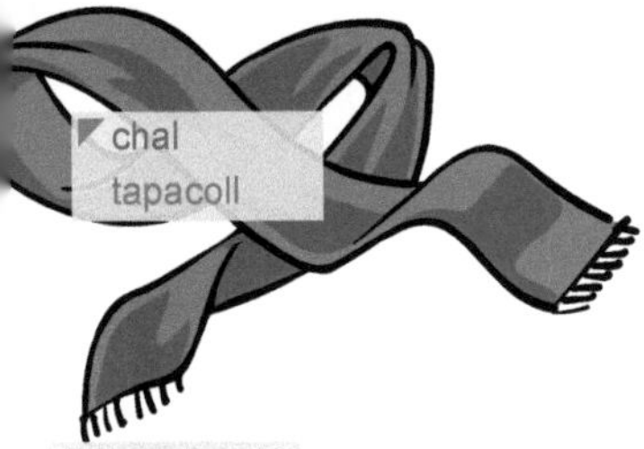

chal
tapacoll

paraguas
paraigua

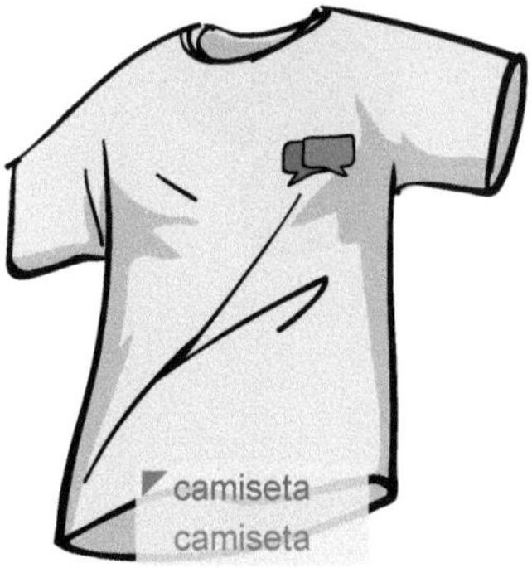

camiseta
camiseta

cinturón
cintura

botas
botes

zapatilla
plantofes

deportivas
sabates d'esport

sandalias
·················
sandàlies

zapatos
·················
sabates

botas de goma
·················
botes de goma

ropa interior
·················
calçonets

corpiño
·················
sostenidor

camiseta
·················
guardapits

body

jjustacòs

pantalón

pantalons

jeans

jeans

falda

faldeta

blusa

brusa

camisa

camisa

pullover

jersei

sweater

dessuadora

blazer

blazer

chaqueta

jaqueta

abrigo

mantell

impermeable

impermeable

traje chaqueta

vestit de dona

vestido

vestit de dona

vestido de bodas

vestit de núvia

traje

vestit d'home

camisón

camisa de dormir

pijama

pijama

sari

sari

pañuelo de cabeza

mocador de cap

turbante

turbant

burka

burca

caftán

caftan

abaya

abaia

traje de baño

vestit de bany

bañador

calçon(et)s de bany

shorts

pantalons curts

chándal

xandall

delantal

davantal

guante

guants

botón

botó

gafa

ulleres

brazalete

braçalet

cadena

collaret

anillo

anell

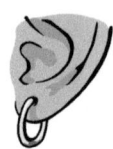

aro

orellera

gorra

casquet

percha

penjador

sombrero

capell

corbata

corbata

cierre a cremallera

cremallera

casco

casc

tiradores

elàstics

uniforme escolar

uniforme escolar

uniforme

uniforme

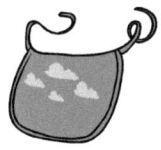

babero
pitet

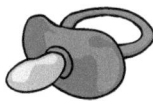

chupete
xumet

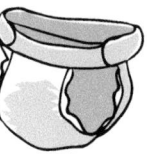

pañal
bolquer

oficina
oficina

servidor
servidor
archivador
armari arxivador
impresora
impressora
papel
paper
monitor
monitor
ratón
ratolí
escritorio
escriptori
carpeta
arxivador
teclado
teclat
silla
cadira
cesto de papeles
paperera
ordenador
ordinador

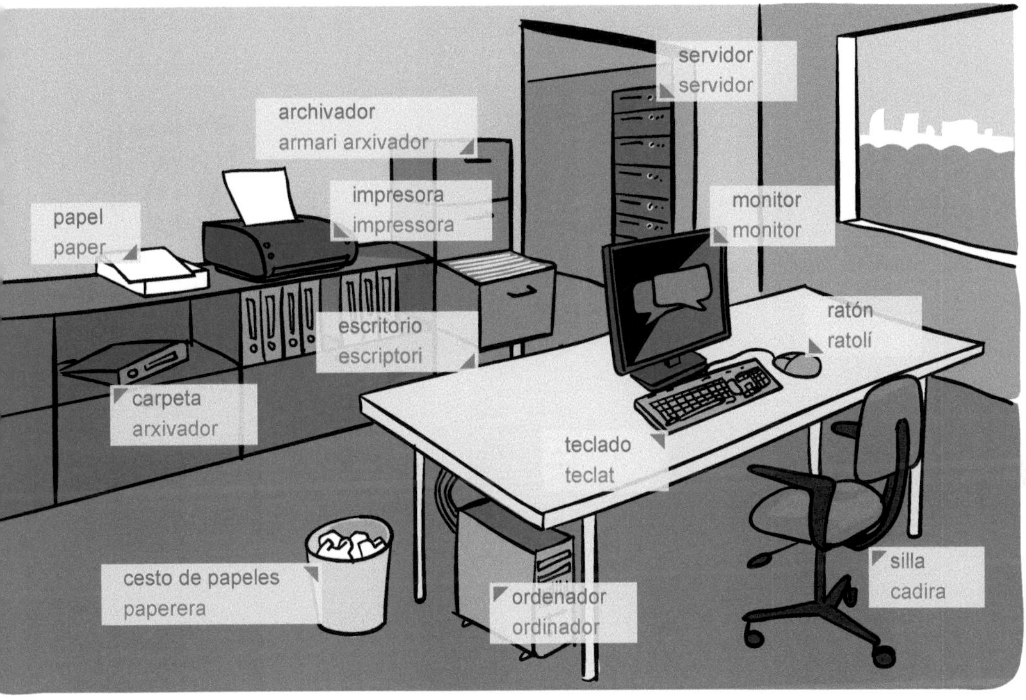

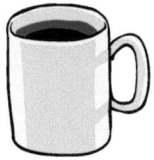

taza de café
tassa de cafè

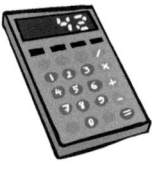

calculadora
calculadora

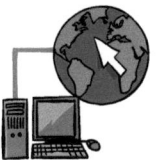

internet
Internet

laptop

ordinador portàtil

carta

lletra

mensaje

missatge

teléfono móvil

mòbil

red

xarxa

fotocopiadora

fotocopiadora

software

programari

teléfono

telèfon

tomacorriente

presa de corrent

máquina de fax

fax

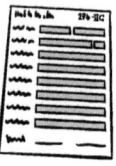

formulario

formulari

documento

document

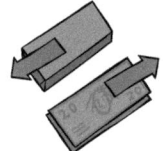

comprar

comprar

pagar

pagar

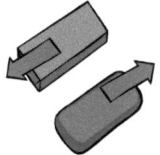

comerciar

comerciar

dinero

diners

USD

dólar

dòlar

EUR

euro

euro

JPY

yen

ien

RUB

rublo

ruble

CHF

franco

franc suís

CNY

renminbi

renminbi

INR

rupia

rupia

cajero automático

caixa automàtica

casa de cambio

oficina de canvi

oro

or

plata

argent

petróleo

petroli

energía

energia

precio

preu

contrato

contracte

impuesto

impost

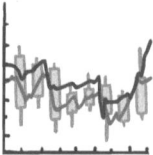

acción

acció

trabajar

treballar

empleado

treballador

empleador

empresari

fábrica

fàbrica

negocio

botiga

ocupaciones
oficis

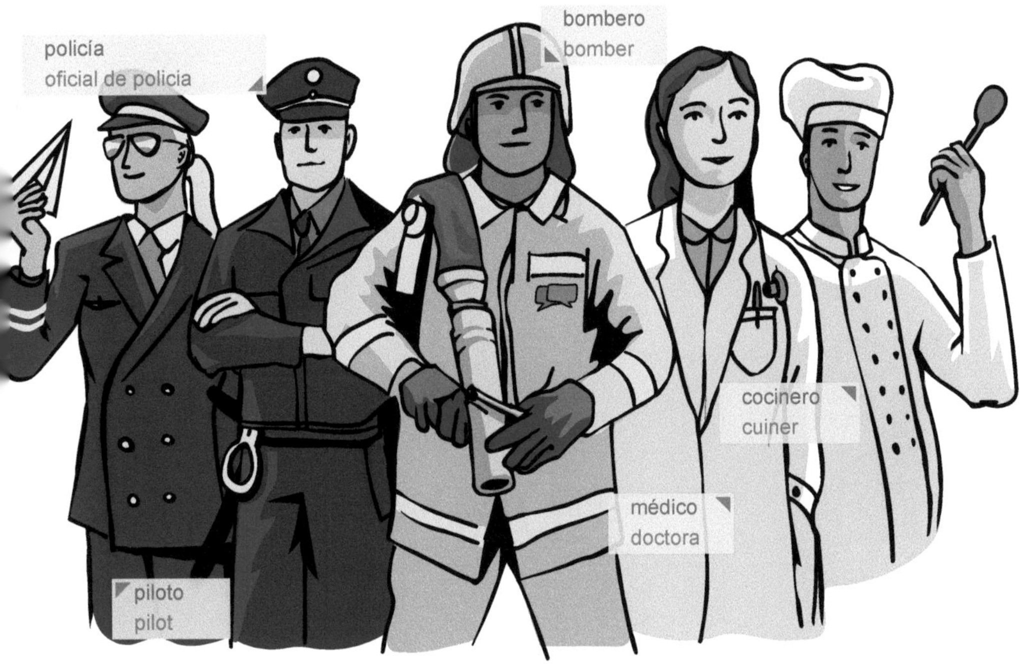

policía
oficial de policia
bombero
bomber
cocinero
cuiner
médico
doctora
piloto
pilot

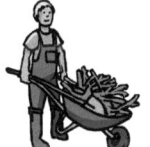

jardinero

jardiner

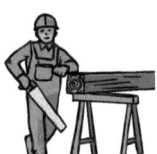

carpintero

fuster

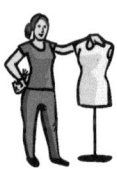

costurera

costurera

juez

jutge

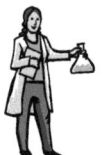

químico

química

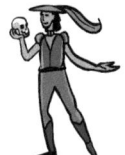

actor

actor

conductor de autobús

conductor d'autobús

taxista

taxista

pescador

pescador

mujer de la limpieza

dona de la neteja

techista

ensostrador

camarero

cambrer

cazador

caçador

pintor

pintor

panadero

forner

electricista

electricista

albañil

obrer de la construcció

ingeniero

enginyer

carnicero

carnisser

fontanero

llanterner

cartero

correu

soldado

soldat

arquitecto

arquitecte

cajero

caixera

florista

florista

peluquero

perruquer

cobrador

revisor

mecánico

mecànic

capitán

capità

odontólogo

dentista

científico

científic

rabino

rabí

imam

imam

monje

monjo

párroco

capellà

herramientas

eines

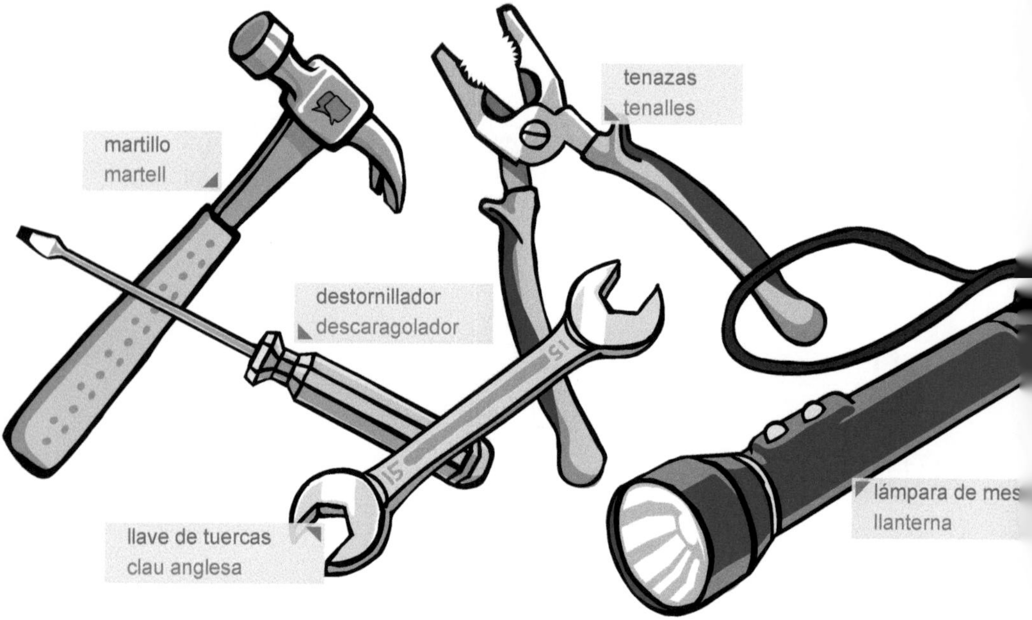
martillo
martell
tenazas
tenalles
destornillador
descaragolador
llave de tuercas
clau anglesa
lámpara de mes
llanterna

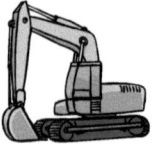

excavadora
excavadora

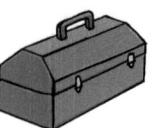

caja de herramientas
caixa d'eines

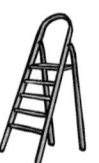

escalerilla
escala

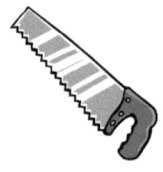

serrucho
serra

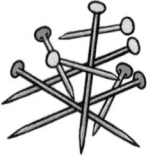

clavos
claus

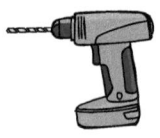

taladro
trepant

reparar
reparar

pala
pala

¡Maldición!
Maleït siga!

recogedor
pala

lata de pintura
pot de pintura

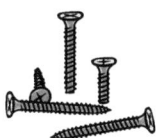

tornillos
caragols

instrumentos musicales
instrument de música

altavoz
altaveu

batería
bateria

guitarra
guitarra

contrabajo
contrabaix

trompeta
trompeta

piano
piano

violín
violí

bajo
baix

timbales
timbal

tambor
tambor

teclado
teclat

saxofón
saxofon

flauta
flauta

micrófono
micròfon

zoológico
zoo

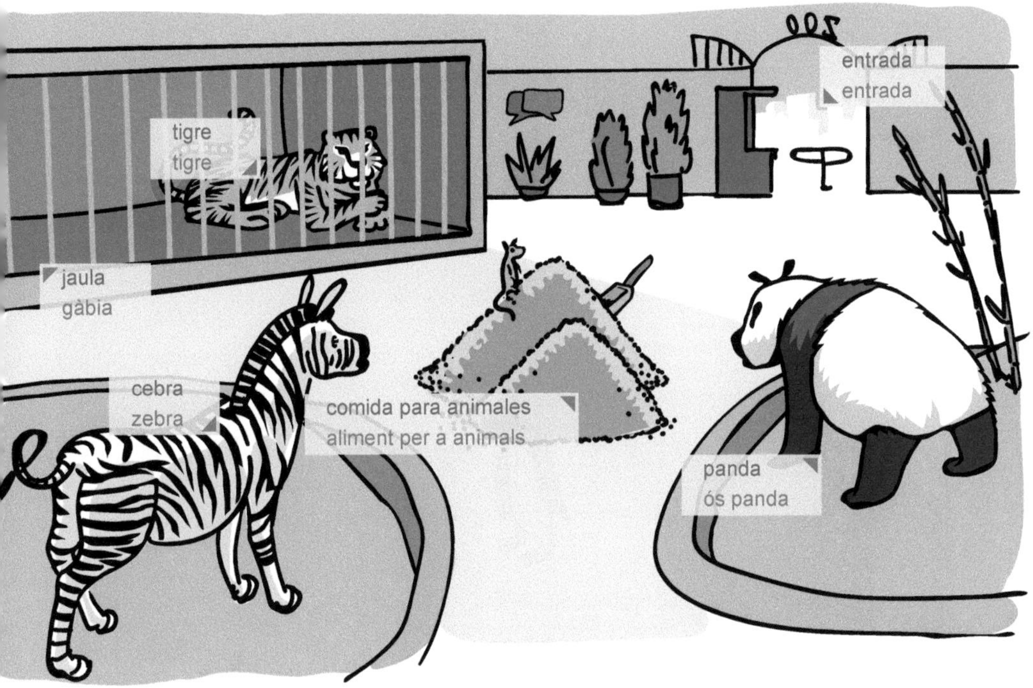
entrada
entrada
tigre
tigre
jaula
gàbia
cebra
zebra
comida para animales
aliment per a animals
panda
ós panda

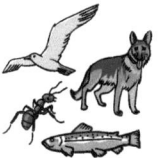

animales
animals

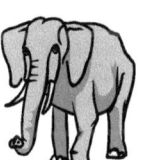

elefante
elefant

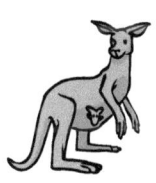

canguro
cangurú

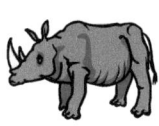

rinoceronte
rinoceront

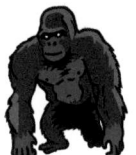

gorila
goril·la

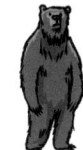

oso
ós

camello

camell

avestruz

estruç

león

lleó

mono

simi

flamengo

flamenc

papagayo

papagai

oso polar

ós polar

pingüino

pingüí

tiburón

ca mari

pavo real

paó

serpiente

serp

cocodrilo

cocodril

cuidador del zoológico

guardià del zoo

foca

foca

jaguar

jaguar

pony

poni

leopardo

lleopard

hipopótamo

hipopòtam

jirafa

girafa

águila

àliga

jabalí

senglar

pescado

peix

tortuga

tortuga

morsa

morsa

zorro

guineu

gacela

gasela

zoológico - zoo

fútbol americano
futbol americà

ciclismo
ciclisme

tenis
tenis

baloncesto
bàsquet

natación
natació

boxeo
boxa

hockey sobre hielo
hoquei sobre gel

fútbol
futbol americà

badminton
bàdminton

atletismo
atletisme

balonmano
handbol

esquí
esquí

polo
polo

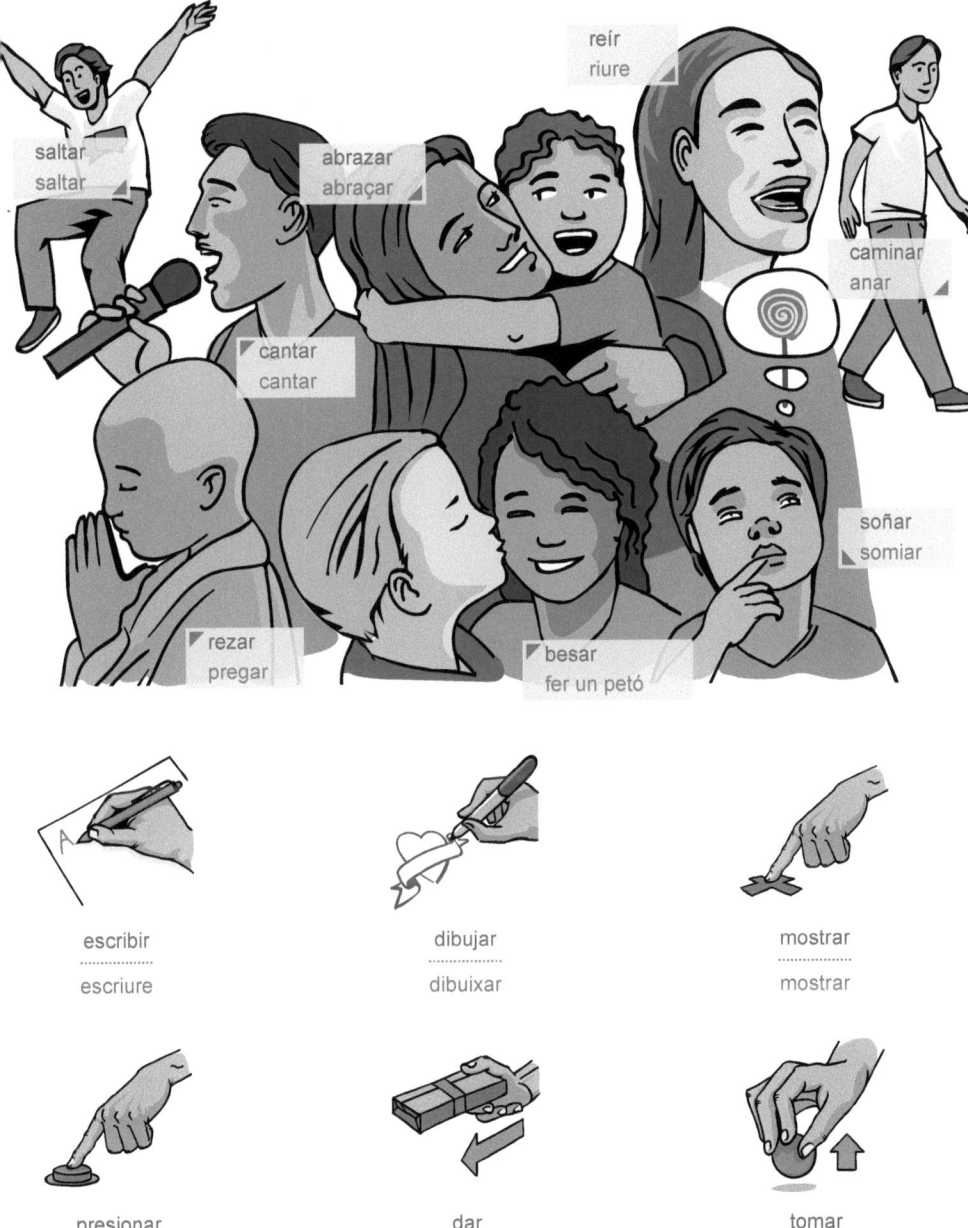

saltar
saltar

abrazar
abraçar

reír
riure

caminar
anar

cantar
cantar

soñar
somiar

rezar
pregar

besar
fer un petó

escribir
escriure

dibujar
dibuixar

mostrar
mostrar

presionar
pitjar

dar
donar

tomar
prendre

tener

tenir

hacer

fer

ser

ésser

estar de pie

estar dret

correr

córrer

tirar

estirar

arrojar

llançar

caer

caure

estar acostado

jeure

esperar

esperar

llevar

portar

estar sentado

asseure's

vestirse

vestir-se

dormir

dormir

despertar

despertar-se

actividades - activitats

mirar
mirar

llorar
plorar

acariciar
amoixar

peinarse
pentinar

conversar
parlar

entender
comprendre

preguntar
demanar

oír
escoltar

beber
beure

comer
menjar

asear
endreçar

amar
estimar

cocinar
cuinar

conducir
conduir

volar
volar

navegar

navegar

calcular

calcular

leer

llegir

aprender

aprendre

trabajar

treballar

casarse

casar-se

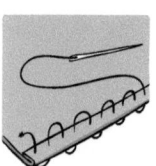

coser

cosir

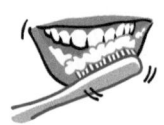

limpiarse los dientes

raspallar-se les dents

matar

matar

fumar

fumar

enviar

enviar

familia
família

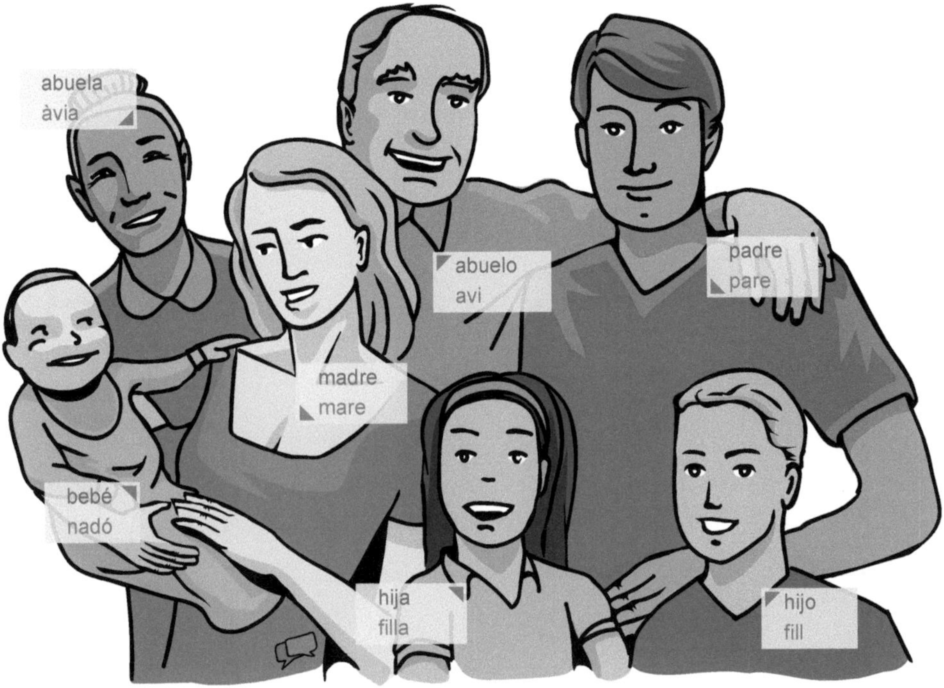
abuela
àvia
abuelo
avi
padre
pare
madre
mare
bebé
nadó
hija
filla
hijo
fill

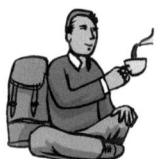

invitado
convidat

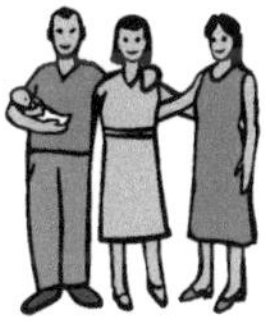

tía
tia

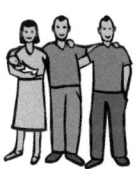

tío
oncle

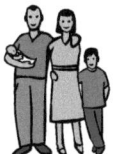

hermano
germà

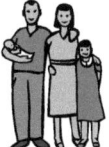

hermana
germana

cuerpo

cos

frente
front
ojo
ull
hombro
espatlla
dedo
dit
cara
cara
barbilla
barbeta
mano
mà
pierna
cama
pecho
pit
brazo
braç

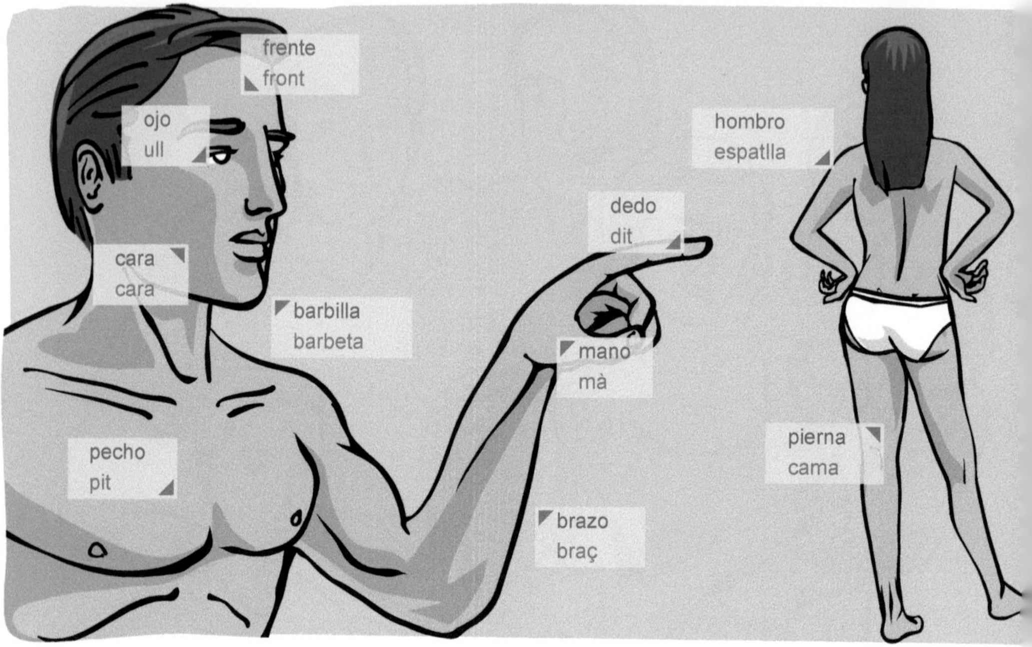

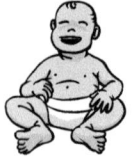

bebé

nadó

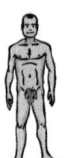

hombre

home

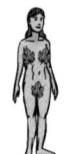

mujer

dona

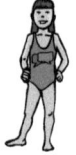

muchacha

noia

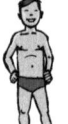

joven

noi

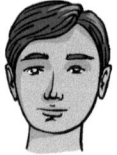

cabeza

cap

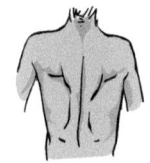

espalda

esquena

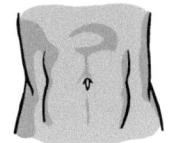

vientre

panxa

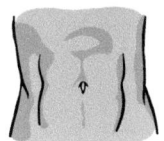

ombligo

melic

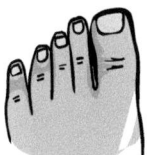

dedo del pie

dit gros del peu

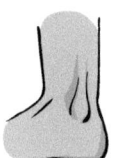

talón

taló

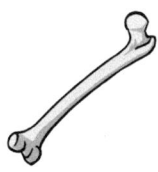

hueso

os

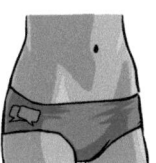

cadera

maluc

rodilla

genoll

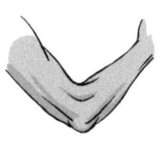

codo

colze

nariz

nas

trasero

cul

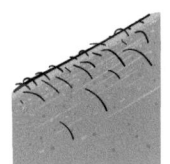

piel

pell

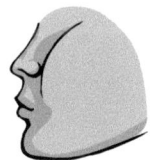

mejilla

galta

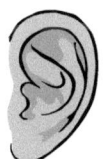

oreja

orella

labio

llavi

boca

boca

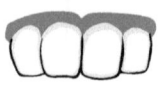

diente

dent

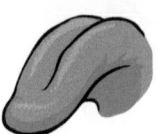

lengua

llengua

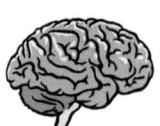

cerebro

cervell

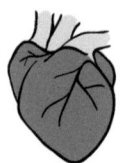

corazón

cor

músculo

múscul

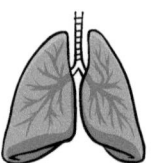

pulmón

pulmó

hígado

fetge

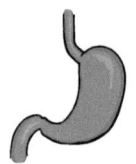

estómago

estómac

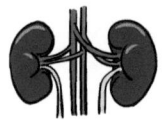

riñones

ronyó

relación sexual

relació sexual

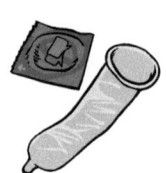

condón

preservatiu

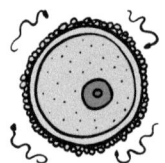

Óvulo

ovari

esperma

semen

embarazo

prenyat

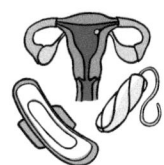

menstruación

menstruació

vagina

vagina

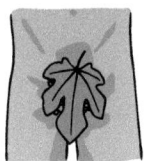

pene

penis

ceja

cella

cabello

cabells

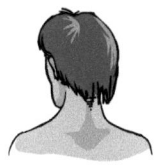

cuello

coll

hospital
hospital

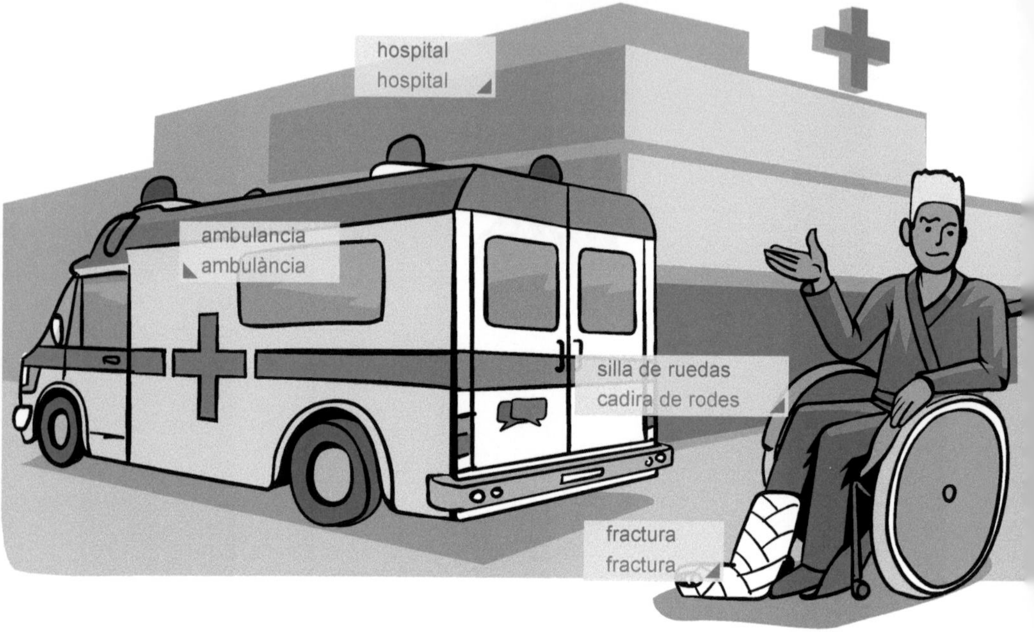

hospital
hospital
ambulancia
ambulància
silla de ruedas
cadira de rodes
fractura
fractura

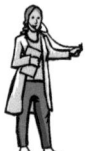

médico

doctora

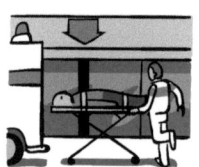

admisión de urgencia

sala d'urgències

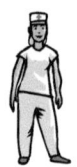

enfermera

infermera

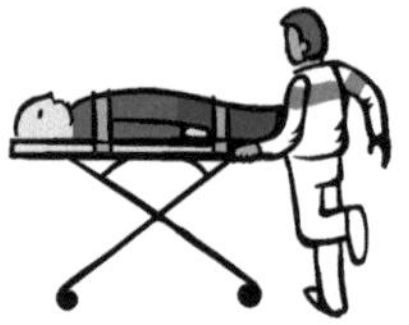

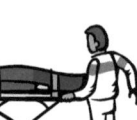

emergencia

urgència

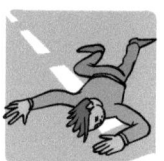

inconsciente

inconscient

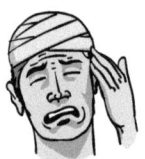

dolor

dolor

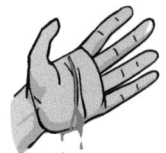

lesión
ferida

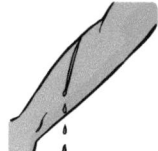

hemorragia
sagnament

infarto de miocardio
atac de cor

apoplejía cerebral
apoplexia

alergia
al·lèrgia

tos
tos

fiebre
febre

gripe
gripa

diarrea
diarrea

dolor de cabeza
mal de cap

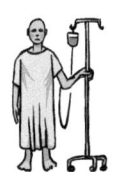

cáncer
càncer

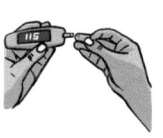

diabetes
diabetis

cirujano
cirurgià

escalpelo
escalpel

operación
operació

TC

tomografia computada (TC),
TAC

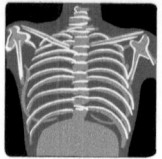

rayos X

raigs x

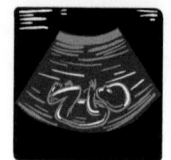

ultrasonido

ultrasò

máscara

mascareta

enfermedad

malaltia

sala de espera

sala d'espera

muleta

crossa

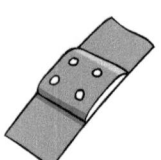

emplasto

tireta

vendaje

embenat

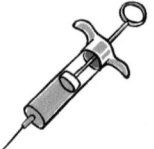

inyección

injecció

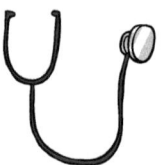

estetoscopio

estetoscopi

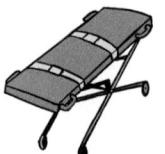

camilla

llitera

termómetro

termòmetre clínic

nacimiento

pariment

sobrepeso

sobrepès

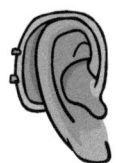

audífono

aparell auditiu

desinfectante

desinfectant

infección

infecció

virus

virus

VIH / SIDA

VIH / SIDA

medicina

medicina

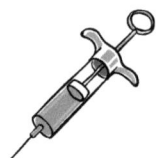

vacunación

vaccí

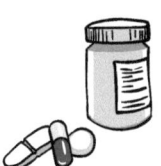

comprimido

comprimits

píldora anticonceptiva

píl·lola

llamada de emergencia

trucada d'urgència

medidor de presión arterial

tensiòmetre

enfermo / saludable

malalt / sà

¡Ayuda!	alarma	asalto
Socors!	alarma	assalt
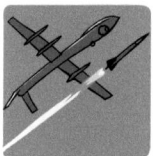		
ataque	peligro	salida de emergencia
atac	perill	sortida-eixida d'urgència

¡Fuego!	extintor	accidente
Foc!	extintor	accident
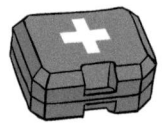		
kit de primeros auxilios	SOS	Policía
farmaciola de primers auxilis	SOS	policia

Europa

Europa

América del Norte

Amèrica del Nord

América del Sur

Amèrica del Sud

África

Àfrica

Asia

Àsia

Australia

Austràlia

Atlántico

Atlàntic

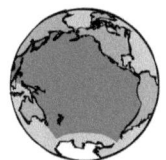

Pacífico

Pacífic

Océano Índico

Oceà Índic

Océano Antártico

Oceà Antàrtic

Océano Ártico

Oceà Àrtic

Polo Norte

pol nord

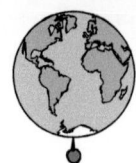

Polo Sur

pol sud

Antártida

Antàrtida

Tierra

terra

país

país

mar

mar

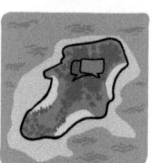

isla

illa

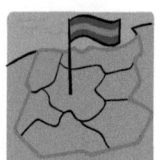

nación

nació

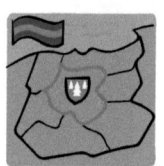

Estado

estat

cuadrante

quadrant

horario

agulla de les hores

minutero

agulla dels minuts

segundero

agulla dels segons

¿Qué hora es?

Quina hora és?

día

dia

tiempo

temps

ahora

ara

reloj digital

rellotge digital

minuto

minut

hora

hora

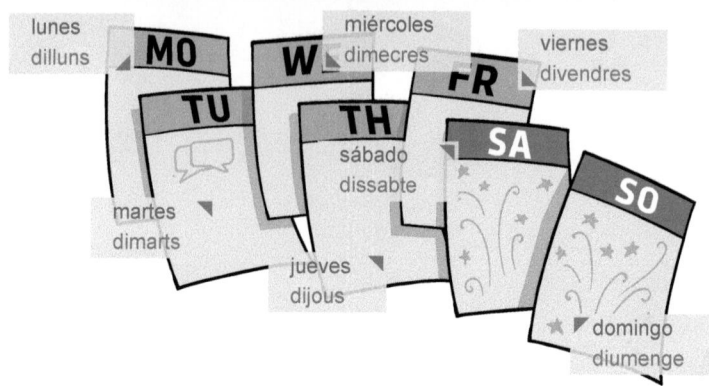

lunes
dilluns

miércoles
dimecres

viernes
divendres

martes
dimarts

sábado
dissabte

jueves
dijous

domingo
diumenge

ayer

ahir

hoy

avui

mañana

demà

mañana

matí

mediodía

migdia

tarde

tarda

MO	TU	WE	TH	FR	SA	SU
1	2	3	4	5	6	7
8	9	10	11	12	13	14
15	16	17	18	19	20	21
22	23	24	25	26	27	28
29	30	31	1	2	3	4

jornada de trabajo

dia feiner

MO	TU	WE	TH	FR	SA	SU
1	2	3	4	5	6	7
8	9	10	11	12	13	14
15	16	17	18	19	20	21
22	23	24	25	26	27	28
29	30	31	1	2	3	4

fin de semana

cap de setmana

año

any

lluvia
pluja
arco iris
arc de Sant Martí
nieve
neu
viento
vent
primavera
primavera
otoño
tardor
verano
estiu
invierno
hivern

4.APRIL 11°
5.APRIL 4°
6.APRIL 13°
7.APRIL 8°
8.APRIL 10°

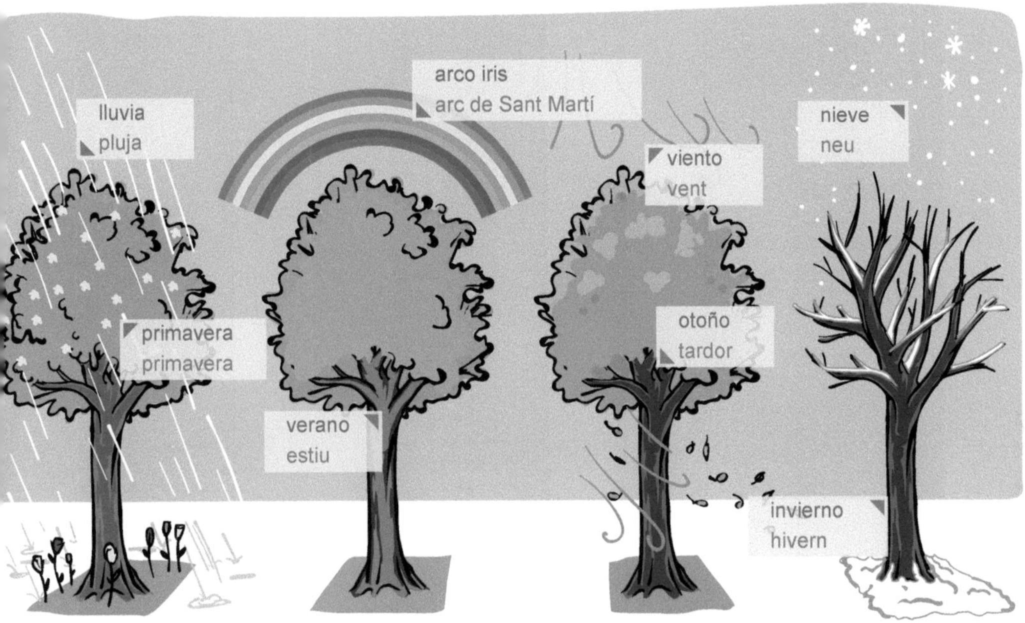

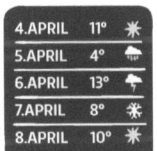

pronóstico meteorológico

pronòstic del temps

F C
120 40
90 30
60 20
30 10
0 0
-30 -10
-20

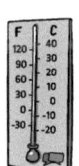

termómetro

termòmetre

luz solar

llum del sol

nube

núvol

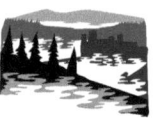

niebla

boira

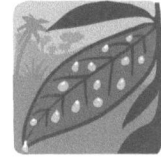

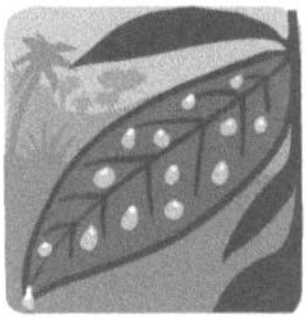

humedad ambiente

humiditat de l'aire

relámpago

llamp

trueno

tro

tormenta

tempesta

granizo

calamarsa

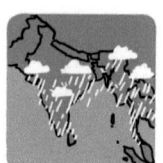

monzón

monsó

inundación

inundació

hielo

gel

enero

gener

febrero

febrer

marzo

març

abril

abril

mayo

maig

junio

juny

julio

juliol

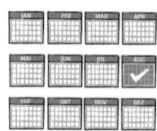

agosto

agost

año - any

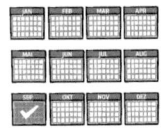

septiembre
....
setembre

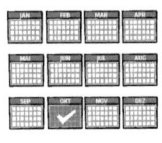

octubre
....
octubre

noviembre
....
novembre

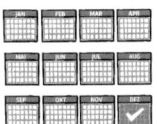

diciembre
....
desembre

formas
formes

círculo
....
cercle

cuadrado
....
quadrat

rectángulo
....
rectangle

triángulo
....
triangle

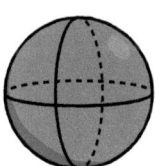

esfera
....
esfera

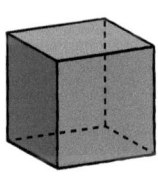

cubo
....
cub

blanco
....
blanc

amarillo
....
groc

anaranjado
....
taronja

rosa
....
rosa

rojo
....
vermell

lila
....
lila

azul
....
blau

verde
....
verd

marrón
....
marró

gris
....
gris

negro
....
negre

mucho / poco

molt / poc

enojado / calmado

emprenyat / tranquil

bonito / feo

bonic / lleig

comienzo / fin

començament / fi

grande / pequeño

gran / petit

claro / oscuro

clar / fosc

hermano / hermana

germà / germana

limpio / sucio

net / brut

completo / incompleto

complet / incomplet

día / noche

dia / nit

muerto / vivo

mort / viu

ancho / angosto

ample / estret

disfrutable / no disfrutable

....

comestible / immenjable

malo / amigable

....

dolent / amable

excitado / aburrido

....

entusiasmat / entediat

gordo / delgado

....

gros / prim

primero / último

....

primer / darrer

amigo / enemigo

....

amic / enemic

lleno / vacío

....

ple / buit

duro / suave

....

dur / tou

pesado / liviano

....

pesant / lleuger

hambre / sed

....

gana / set

enfermo / saludable

....

malalt / sà

ilegal / legal

....

il·legal / legal

inteligente / tonto

....

intel·ligent / ximple

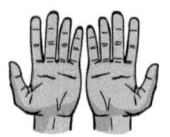

izquierda / derecha

....

esquerra / dreta

cercano / lejano

....

prop / llunyà

nuevo / usado

nou / usat

nada / algo

res / quelcom

viejo / joven

vell / jove

encendido / apagado

encès / apagat

abierto / cerrado

obert / tancat

bajo / fuerte

silenciós / sorollós

rico / pobre

ric / pobre

correcto / incorrecto

correcte / incorrecte

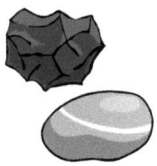

áspero / liso

aspre / suau

triste / alegre

trist / content

breve / extenso

curt / llarg

lento / veloz

lent / ràpid

mojado / seco

humit / sec - eixut

caliente / frío

calent / fred

guerra / paz

guerra / pau

0

cero

zero

1

uno

u

2

dos

dos

3

tres

tres

4

cuatro

quatre

5

cinco

cinc

6

seis

sis

7

siete

set

8

ocho

vuit

9

nueve

nou

10

diez

deu

11

once

onze

12

doce

dotze

13

trece

tretze

14

catorce

catorze

15

quince

quinze

16

dieciséis

setze

17

diecisiete

disset

18

dieciocho

divuit

19

diecinueve

dinou

20

veinte

vint

100

cien

cent

1.000

mil

mil

1.000.000

millón

milió

números - nombres

inglés
anglès

inglés estadounidense
anglès americà

chino mandarín
xinès mandarí

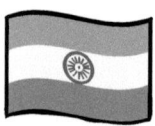

hindi
hindi

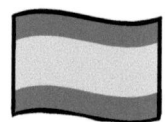

español
espanyol

francés
francès

árabe
àrab

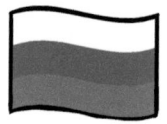

ruso
rus

portugués
portuguès

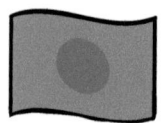

bengalí
bengalí

alemán
alemany

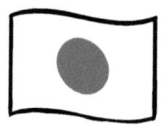

japonés
japonès

yo

jo

tú

tu

él / ella

ell / ella / allò

nosotros

nosaltres

vosotros

vosaltres

ellos

ells

¿quién?

qui?

¿qué?

què?

¿cómo?

com?

¿dónde?

on?

¿cuándo?

quan?

nombre

nom

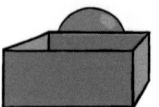

detrás

darrere

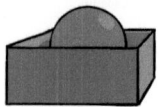

en

en

delante de

davant de

encima de

damunt

sobre

sobre

debajo de

sota

junto a

al costat

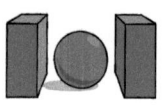

entre

entre

lugar

lloc